EN POCAS PALABRAS

Los animales

Ilustraciones: Violeta Monreal

Parramón

CONOCIENDO LOS ANIMALES

Proyecto y realización
Parramón Ediciones, S.A.

Dirección editorial
Lluís Borràs

Ayudante de edición
Cristina Vilella

Textos
Meritxell Martí, Cristina Vilella,
Lluís Borràs

Ilustraciones
Violeta Monreal

Diseño gráfico
ALEHOP

Dirección de producción
Rafael Marfil

Producción
Manel Sánchez

Preimpresión
PACMER, S.A.

Primera edición: octubre 2006
En pocas palabras - Los animales
ISBN: 84-342-2921-8
Depósito Legal: B-36.035 - 2006
Impreso en España

© Parramón Ediciones, S.A. – 2006
    Ronda de Sant Pere, 5, 4ª planta
    08010 Barcelona(España)
    Empresa del Grupo Editorial
    Norma de América Latina

www.parramon.com

ESTE LIBRO...

Los animales están presentes en la vida de los niños, en sus peluches y mascotas, así como en los cuentos y objetos que les rodean. Los ven en casa, en el campo, en el zoo, en el colegio y en la televisión, y son los protagonistas de sus primeros dibujos.

Con ellos aprenden hábitos, estimulan su imaginación, comparten juegos durante el día y se sienten acompañados por la noche. ¡Quién va a temer a los fantasmas nocturnos con un osito fiel al lado!

Con este libro pasaremos un buen rato junto a los peces, los anfibios, los reptiles, los mamíferos, las aves, los insectos, las arañas y, aunque extinguidos, también los dinosaurios. Estos animales prehistóricos, tan vivos en nuestra mente, resultan fascinantes para pequeños y mayores.

Cada doble página recrea el escenario donde habita un grupo de animales fácilmente identificables por el pequeño que, ayudado por un adulto, hará sus primeros descubrimientos sobre ellos: cómo se llaman, cómo suenan sus nombres, qué hace cada uno, cuáles son sus partes principales, etc.

En cada escenario se plantea una pregunta sencilla y divertida que el niño, por sí solo o con la ayuda de un adulto, podrá contestar y se le reta a buscar al animal oculto.

Con *Los animales*, nos divertiremos y estimularemos su curiosidad y su capacidad de observación mientras jugamos con los sonidos y las letras.

Los animales son seres vivos que pueblan todos los rincones del planeta. Siempre están activos y, cada uno, a su manera, lucha por sobrevivir.

cazan

ven

mueren

respiran

palpan

olfatean

comen

descansan

nacen

¿Cuál es el animal más grande?

vuelan

corren

beben

crecen

¿Dónde está
el niño?

LOS ANIMALES DE COMPAÑÍA

Los animales de compañía viven con nosotros. Algunos hacen compañía a sus dueños, y otros son muy amigos de los niños.

pez rojo

acuario

¿Cuál de estos animales repite palabras?

hámster

canario

loro

jaula

caseta

pecera

tortuga
de agua

perro

hocico

collar

hueso

¿Dónde está
el gato?

LOS ANIMALES DOMÉSTICOS

Hay otros animales que nos ayudan en las tareas del campo o que nos proporcionan alimentos y ropa.

cerdo

gallina

mamar

pollitos

pato

oca

¿Las vacas comen hierba desde que nacen?

caballo

cabra

oveja

conejo

ternera

leche

carne

vaca

¿Dónde está
el gallo?

LOS MAMÍFEROS

Son animales que crían a sus pequeños con la leche materna. Están cubiertos de pelo y tienen huesos, dientes y labios para poder mamar.

foca

oso polar

delfín

¿Qué animal vive bajo tierra?

topo

madriguera

ardilla

lobo

rebeco

zorro

murciélago

jabalí

bigotes

morro

pezuña   huella

¿Dónde está
el lirón?

MÁS MAMÍFEROS

Los mamíferos son animales de sangre caliente. Unos se alimentan de vegetales, otros de la carne de otros animales y, algunos, comen de todo.

elefante

trompa

orejas

colmillos

león

cola

¿Qué animal del dibujo tiene el cuello más largo y para qué crees que le sirve?

jirafa

mono

manada

hiena

cebra

hipopótamo

¿Dónde está el rinoceronte?

LAS AVES

Las aves son animales
voladores que surcan el cielo.
Algunas no vuelan, pero corren
mucho, y otras saben nadar.

papagayo

avestruz

¿Qué animal
duerme de día?

cigüeña

buitre

polluelos

búho

plumas

huevos

nido

pavo real

martín
carpintero

¿Dónde está
el tucán?

MÁS AVES

Las aves construyen un nido
para sus polluelos recogiendo
ramitas con el pico.
Tienen dos patas, dos alas
y plumas de todos los colores
imaginables.

bandada

pingüino
emperador

olas

pescar

frailecillo

¿Qué guardan los
pingüinos entre las patas?

águila

alas

pico

garras

pelícano

flamenco

cisne

¿Dónde está la gaviota?

PECES DE AGUA DULCE

Todos los peces viven en el agua,
pero algunos lo hacen en ríos
y lagos de agua dulce, o en
pequeños estanques.

carpa

esturión

anguila

lucio

¿Qué pez parece
una serpiente?

trucha

perca

barbo

salmón

branquias

escamas

puesta de huevos

¿Dónde está el pez gato?

PECES DE AGUA SALADA

En el mar hay peces de formas y tamaños muy distintos. Y todos ellos son grandes nadadores gracias a sus aletas.

manta

pez martillo

pez sierra

pez espada

¿Qué tienen todos los peces?

sardina

atún

tiburón

boca
dientes

aletas

algas

caballito de mar

¡Dónde está
el lenguado?

LOS ANFIBIOS

Los anfibios tienen la piel húmeda.
Parece que vayan desnudos, ya
que no tienen ni pelos, ni escamas,
ni lana que los cubra. Viven dentro
y fuera del agua.

estanque

lengua

piel

rana verde

renacuajo

**¿Cómo son las patas
de las crías de rana?**

saltar

sapo

nenúfar

rana goliat

tritón

¿Dónde está
la salamandra?

LOS REPTILES

Como los peces, los reptiles tienen escamas, aunque no viven en el agua. Algunos poseen un duro caparazón y otros, dientes muy afilados.

pitón

iguana

víbora

cocodrilo

¿Qué animal acaba de darse un gran banquete?

tortuga

caparazón

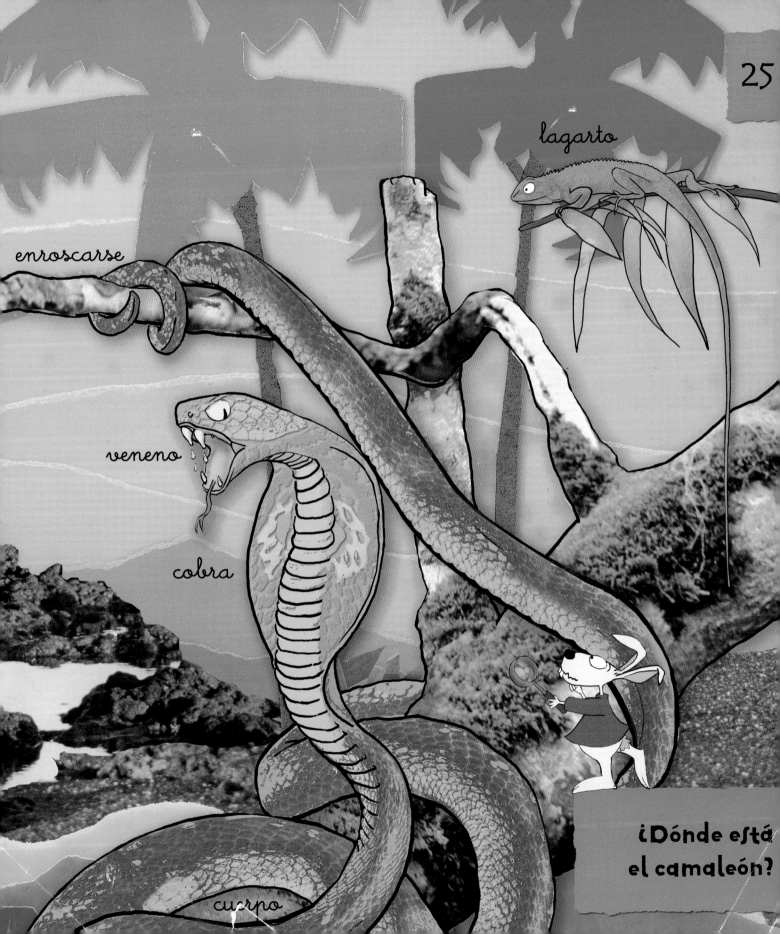

lagarto

enroscarse

veneno

cobra

cuerpo

¿Dónde está
el camaleón?

LOS DINOSAURIOS

Vivieron y desaparecieron hace muchísimos años. Eran animales fascinantes que podían medir cerca de 40 metros de largo y pesar ¡más de 100.000 kilos!

triceratops

placas

arqueópterix

¿Qué dinosaurios del dibujo vuelan?

pisada

helecho

iguanodon

pterodáctilo

brontosaurio

estegosaurio

fósil

¿Dónde está
el diplodocus?

LOS INSECTOS

Los insectos son los animales más numerosos de la Tierra. Algunos nos regalan su seda o su miel. Pero con sus seis patas, dos antenas y ojos asustan a más de uno.

libélula

mariposa

avispa

tórax

cabeza

antenas

abeja

mosca

escarabajo

¿Qué dos insectos tienen rayas de los mismos colores?

saltamontes

hormigas

cigarra

¿Dónde está
la mariquita?

Las arañas no son insectos,
aunque lo parezcan.
Tienen ocho patas y muchos
ojos. De su cuerpo sale
un hilo con el que tejen
una trampa mortal para
cazar a sus presas.

telaraña

araña

abdom

patas

ojos

¿Qué animales ha atrapado
la araña en su tela?

araña acuática

garrapata

tarántula

¿Dónde está
el escorpión?

TODAS LAS PALABRAS

Aquí están, por orden alfabético, todas las palabras utilizadas en las páginas anteriores.
Así resultará más fácil encontrar los distintos animales.

abdomen	30	cocodrilo	24	leche	9	pez sierra	20
abeja	28	cola	12	lengua	22	pezuña	11
acuario	6	colmillos	12	león	12	pico	17
águila	17	collar	7	libélula	28	piel	22
alas	17	comen	4	lobo	11	pingüino emperador	16
aletas	21	conejo	9	loro	7	pisada	26
algas	21	corren	5	lucio	18	pitón	24
anguila	18	crecen	5	madriguera	10	placas	26
antenas	28	cuerpo	25	mamar	8	plumas	15
araña	30	delfín	10	manada	13	pollitos	8
araña acuática	30	descansan	4	manta	20	polluelos	15
ardilla	11	dientes	21	mariposa	28	pterodáctilo	27
arqueópterix	26	elefante	12	martín carpintero	15	puesta de huevos	19
atún	21	enroscarse	25	mono	13	rana goliat	23
avestruz	14	escamas	19	morro	11	rana verde	22
avispa	28	escarabajo	28	mosca	28	rebeco	11
bandada	16	estanque	22	mueren	4	renacuajo	22
barbo	19	estegosaurio	27	murciélago	11	respiran	4
beben	5	esturión	18	nacen	4	salmón	19
bigotes	11	flamenco	17	nenúfar	23	saltamontes	29
boca	21	foca	10	nido	15	saltar	23
branquias	19	fósil	27	oca	8	sapo	23
brontosaurio	27	frailecillo	16	ojos	30	sardina	21
búho	15	gallina	8	olas	16	tarántula	31
buitre	15	garrapata	31	olfatean	4	telaraña	30
caballito de mar	21	garras	17	orejas	12	ternera	9
caballo	9	hámster	6	oso polar	10	tiburón	21
cabeza	28	helecho	26	oveja	9	topo	10
cabra	9	hiena	13	palpan	4	tórax	28
canario	7	hipopótamo	13	papagayo	14	tortuga	24
caparazón	24	hocico	7	patas	30	tortuga de agua	7
carne	9	hormigas	29	pato	8	triceratops	26
carpa	18	huella	11	pavo real	15	tritón	23
caseta	7	hueso	7	pecera	7	trompa	12
cazan	4	huevos	15	pelícano	17	trucha	19
cebra	13	iguana	24	perca	19	vaca	9
cerdo	8	iguanodon	27	perro	7	ven	4
cigarra	29	jabalí	11	pescar	16	veneno	25
cigüeña	15	jaula	7	pez espada	20	víbora	24
cisne	17	jirafa	13	pez martillo	20	vuelan	5
cobra	25	lagarto	25	pez rojo	6	zorro	11

```
HHEIX   + SP
        E
        MONRE
```

MONREAL, VIOLETA,
   LOS ANIMALES

HEIGHTS
06/09

¿DÓNDE ESTÁ...?

La pregunta que se hace en la parte inferior de las páginas de la derecha pretende ser un juego. Por si nuestros pequeños investigadores no la encuentran, el círculo les ayudará.

¿Dónde está el niño?
p. 4

¿Dónde está el gato?
p. 7

¿Dónde está el gallo?
p. 8

¿Dónde está el lirón?
p. 10

¿Dónde está el rinoceronte?
p. 12

¿Dónde está el tucán?
p. 14